L'ORDRE DE PRÉMONTRÉ

BERNARD ARDURA
CHANOINE RÉGULIER DE PRÉMONTRÉ
SECRÉTAIRE DU CONSEIL PONTIFICAL DE LA CULTURE

◄ *Le cloître de Sainte-Marie-Majeure à Pont-à-Mousson (Meurthe-et-Moselle).*
[Photo Bruno Barbier]

Couverture.
En prière dans le cloître de Frigolet.
[Photo Hervé Champollion]

Dernière de couverture
Depuis la grève, la façade de l'abbaye de Beauport se déploie du chevet à la « Maison au duc ».
[Photo C. Delangue]

SOMMAIRE

EDITIONS OUEST-FRANCE

Gardez la stabilité, la charité et la concorde, afin de n'avoir tous qu'un cœur et qu'une âme dans la maison de Dieu.

(Sermon de saint Norbert)

La nuit de Noël 1121, Norbert et ses premiers compagnons se vouaient, dans la solitude de Prémontré, au service de l'Eglise et promettaient

- de vivre en communauté, à l'exemple du Christ et de ses apôtres,
- de mettre en commun tous leurs biens,
- de vivre en tension de permanente conversion intérieure,
- de faire de la louange divine le cœur de leur vie commune, pour annoncer la Bonne Nouvelle de l'Evangile.

Depuis bientôt neuf siècles, les Prémontrés continuent, malgré les avatars de l'Histoire, à vivre l'intuition de Norbert.

A l'aube du IIIe millénaire, la dimension communautaire de leur vocation est plus que jamais actuelle.

Saint Norbert recevant la règle ▶ de saint Augustin. Tableau du XVIIe siècle, provenant de l'abbatiale de Beauport, actuellement dans l'église paroissiale Notre-Dame-de-Bonne-Nouvelle de Paimpol.
[Photo Association des amis de l'abbaye de Beauport]

hanc regulam

Norbert, converti, prédicateur, archevêque

Statue de saint Norbert. ▸
Retable du maître-autel de la basilique abbatiale de Strahov (Prague). Bois doré de Ignac Platzer (1768).
[Photo Association des amis de l'abbaye de Beauport]

Abbaye de Prémontré (Aisne), ▾
bâtiment central du XVIII*e siècle, siège de l'abbé général jusqu'à la Révolution.*
[Photo Hervé Champollion]

Norbert, dont le nom signifie *Prince du Nord*, naquit à Gennep dans l'actuel Limbourg hollandais, entre 1080 et 1085. Ses parents le vouèrent à l'état ecclésiastique et l'inscrivirent au chapitre des chanoines de Xanten. Devenu chapelain de l'empereur Henri V — c'est-à-dire membre du personnel ecclésiastique intégré à la cour impériale —, il accompagna le souverain à Rome en 1110. Il fut alors profondément bouleversé par l'attitude d'Henri V envers le pape. Ce dernier refusait de le couronner si l'empereur n'abandonnait pas ses prétentions sur le gouvernement de l'Eglise, notamment en donnant l'investiture aux évêques. Cet épisode au cours duquel le pape fut retenu prisonnier le marqua tellement que Norbert se résolut à quitter la cour et à envisager un autre genre de vie.

En 1115, Norbert se convertit soudainement à la manière de saint Paul, rentra à Xanten, et tenta, mais en vain,

d'y réformer les chanoines. Il entreprit alors de rechercher le genre de vie auquel Dieu l'appelait, tout en menant une vie de prédicateur itinérant. En 1118, il fut l'objet de nombreuses critiques : ni prêtre, ni religieux, il prêchait sans aucun mandat officiel, et il dut se justifier devant le concile de Fritzlar.

Parti à pied à travers la France, il se dirigea vers le sud et rejoignit, en décembre 1118, Saint-Gilles-du-Gard où il rencontra le pape Gélase II qui lui octroya le mandat de prédicateur apostolique : investi par le pape, dépositaire de l'autorité confiée par le Christ à l'apôtre Pierre, de la mission d'annoncer l'Evangile, Norbert aurait désormais le droit de prêcher partout où cela lui serait possible. Gélase II étant mort peu de temps après à Cluny, Norbert se rendit à Reims en octobre 1119, pour demander à son successeur Calixte II le renouvellement de sa mission. Le pape le confia alors à l'évêque de Laon, Barthélemy de Jur, qui résolut de le retenir dans son diocèse. L'évêque l'établit alors dans la solitude de Prémontré, située entre Laon et Soissons, avec la faculté de recevoir des compagnons.

A la fin de 1120, le groupe des premiers disciples comprenait une quarantaine de clercs et de nombreux laïcs. Les clercs optèrent pour la vie canoniale sous la Règle de saint Augustin, et firent profession dans la nuit de Noël 1121. L'ordre des chanoines réguliers de Prémontré était né.

Le développement rapide de la nouvelle communauté n'interrompit pas la prédication de Norbert. En 1123, il défendait à Anvers l'enseignement de l'Eglise sur les sacrements, spécialement l'eucharistie. Cet épisode a fait de Norbert « l'apôtre de l'eucharistie ». Son iconographie classique le représente avec un ostensoir à la main.

Quelques mois plus tard, à la suite d'un voyage en Allemagne, Norbert fut élu archevêque de Magdebourg et chancelier de l'Empire. Il réforma le clergé de son diocèse, se consacra à la prédication et jeta les bases de l'évangélisation des Wendes, peuplade païenne établie au-delà de l'Elbe. Il intervint encore dans les affaires de l'Eglise universelle et prit surtout position dans le schisme qui suivit la mort d'Honorius II. Il poussa l'empereur Lothaire à soutenir Innocent II contre son concurrent Anaclet II. Le 30 mai 1133, le pape légitime entra dans Rome et couronna l'empereur. Satisfait de cet heureux dénouement, Norbert rentra en Allemagne et mourut à Magdebourg, le 6 juin 1134.

Apologie de saint Norbert au concile de Fritzlar (26 juillet 1118)

« On me fait grief de ma prédication. N'est-il pas écrit "Qui ramènera un pécheur de sa faute sauvera son âme de la mort et couvrira la multitude de ses péchés" ? Le pouvoir de prêcher, nous le tenons de notre ordination, car le Pontife nous dit : "Soyez les transmetteurs de la Parole de Dieu." On veut voir à quelle religion j'appartiens ? "La religion pure et sans tache devant Dieu notre Père consiste à visiter les orphelins et les veuves et à se garder des souillures du siècle." On me reproche mon vêtement ? Saint Pierre n'enseigne-t-il pas que Dieu ne prend pas plaisir à des habits précieux ? Saint Jean-Baptiste était vêtu de poil de chameau ; sainte Cécile portait un cilice sur sa chair. Mieux encore, le Seigneur donna à nos premiers parents non une tunique de pourpre, mais des habits de peau. »

▼ *Escalier de l'abbaye de Prémontré (Aisne).*
[Photo Hervé Champollion]

Les chanoines réguliers

La célébration de l'office divin ▲ *est le cœur de la vie de la communauté prémontrée. Sacristie de l'abbaye de Mondaye (Calvados).*
[Photo Richard Nourry, Scope]

La fondation par saint Norbert ▼ *de l'abbaye Saint-Michel d'Anvers (aquarelle, XVIIe siècle). Musée des Beaux-Arts de Lille.*
[Photo RMN, Quecq d'Henripret]

Le nom de « chanoine » apparaît au VIe siècle et devient très fréquent au VIIe. Il désigne les clercs inscrits sur le « canon », c'est-à-dire le registre des clercs desservant une église, sous la conduite de l'évêque.

Au milieu du VIIIe siècle, le personnel des églises commence à se distinguer sous l'influence organisatrice de Charlemagne. Son successeur, Louis le Pieux, publie en 817 une nouvelle règle, appelée couramment *Règle d'Aix-la-Chapelle*. Cette règle contribue à donner à l'institution canoniale sa physionomie définitive. Elle promeut la vie commune et impose une stricte observance de l'obéissance cléricale. Les chanoines carolingiens prennent pour modèle la communauté des Apôtres réunis autour du Christ et font volontiers appel à la communauté exemplaire de Jérusalem. Ils se proposent de renoncer notamment à l'usufruit de leur patrimoine.

Devant la décadence qui se développe du IXe au XIe siècle, le concile romain de 1059 entend promouvoir une véritable réforme : pratiquer la désappropriation personnelle, y compris celle des biens patrimoniaux, et mener la vie commune. C'est à partir de cette intuition qu'entre 1056 et 1200, l'ensemble des instituts canoniaux réguliers voit le jour. Elu pape en 1073 sous le nom de Grégoire VII, le bénédictin Hildebrand demande à tout chanoine d'offrir l'ensemble de ses biens à l'Eglise. Si certains refusent, ils peuvent cependant continuer à vivre comme auparavant. Il n'est pas téméraire de l'affirmer : deux tendances déjà manifestes auparavant illustrent alors deux manières d'interpréter la vie canoniale : les chanoines réguliers qui observent la désappropriation, et les chanoines séculiers qui conservent l'usufruit de leurs propriétés. Peu à peu, l'idée de revenir au modèle apostolique fait son chemin et finit par s'imposer. Conformité au détachement, à la sainteté de vie et au zèle des Apôtres pour annoncer l'Evangile, vie en commun autour du Christ constituent les points de repères essentiels des chanoines réguliers carolingiens.

C'est dans ce contexte réformateur que saint Norbert fonde la communauté canoniale de Prémontré, et pose les fondements d'un ordre appelé à une grande destinée dans l'histoire de l'Eglise et dans la civilisation de l'Europe. Les Prémontrés ne sont donc pas des moines, mais des chanoines réguliers, c'est-à-dire des prêtres et des diacres vivant en communauté sous la Règle de saint Augustin, dans la mise en commun de tous leurs biens, pour se vouer au service de l'Eglise, avec pour modèle la communauté des Apôtres réunis autour du Christ. Depuis la fondation de l'ordre, les abbayes prémontrées comptent des frères pleinement membres de la communauté, sans accéder au sacerdoce. Ces frères que l'on appelait autrefois « convers », c'est-à-dire « convertis », jouent un rôle significatif dans les diverses activités des abbayes. Certains ont été de brillants architectes et des artistes de renom. D'autres ont contribué efficacement à l'établissement de nouvelles fondations dans les pays de mission, notamment en Afrique et en Inde.

Dans le vallon de Prémontré

La nuit de Noël 1121, saint Norbert et ses compagnons font leur profession et s'engagent à vivre selon l'Evangile, pour mener la vie apostolique sous la Règle de saint Augustin. Ces éléments demeurent encore aujourd'hui les points d'ancrage de la spiritualité des chanoines réguliers de Prémontré et forment par leur articulation réciproque l'identité des fils de saint Norbert, à l'aube du nouveau millénaire.

La vie apostolique

Dans sa signification médiévale, l'expression « vie apostolique » concentre l'essentiel de la communauté des Apôtres partageant la vie du Christ et sa mission d'évangélisation.

Norbert a acquis une conviction : il vivra en communauté avec des frères, et s'efforcera de mener avec eux une vie semblable à celle des Apôtres : vie commune et rejet absolu des possessions terrestres, communauté de tous les biens temporels, répartition de ces biens selon les nécessités de chacun, concorde dans l'unité et unité dans la concorde.

Au service de la louange

La prière liturgique tient une place centrale dans la vie de la première communauté de Prémontré. Formés au rythme quotidien de l'office canonial, Norbert et ses compagnons considèrent comme première mission de leur communauté la charge de la prière publique adressée à Dieu au nom de l'Eglise et pour l'Eglise. Comme la vie des juifs pieux s'organise à Jérusalem autour du Temple, celle de Prémontré s'organise autour de l'église et du culte divin. Saint

Formule de profession

« Moi, frère N., je m'offre et me livre à l'Eglise de N. Je promets la conversion de mes mœurs et la vie commune, principalement dans la pauvreté, le célibat consacré, l'obéissance selon l'Evangile du Christ et l'institution apostolique, selon la Règle de saint Augustin et les Constitutions de l'Ordre de Prémontré, devant N., prélat de cette Eglise, et mes frères. »

▼ *Les mains dans celles de l'abbé, le novice remet sa vie entre les mains de Dieu, lors de sa profession.* [Photo Hervé Champollion]

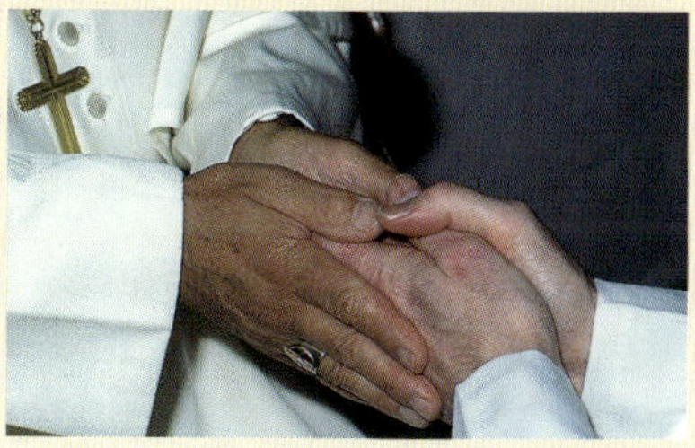

▼ *La vie de communauté est un témoignage éloquent auprès des jeunes.* [Photo Yvon Boëlle]

Norbert a fait de la messe le centre de sa vie spirituelle et de son ministère. Parmi ses recommandations aux frères, il aime leur dire : « C'est à l'autel qu'on montre sa foi et son amour pour Dieu. »

Au service de l'Eglise

La prédication de la Parole de Dieu fait partie intégrante de la vocation des chanoines réguliers. En choisissant pour habit la couleur blanche qui leur rappelle spontanément les anges de la Résurrection, Norbert offre à ses disciples un symbole permanent de leur mission.

L'accueil des pauvres et des pèlerins, que nous appelons l'hospitalité, fait partie de la grande tradition canoniale, œuvre de miséricorde par excellence en une époque où le pèlerinage est considéré comme un état de vie consacrée, et où les conditions dans lesquelles s'effectuent les voyages sont particulièrement dures.

Le développement du ministère paroissial des Prémontrés au cours des siècles a souvent conduit à assimiler les prémontrés à des religieux-curés de paroisses. Toutefois, à l'origine, si le ministère paroissial n'est pas refusé, mais il ne sera jamais une affaire personnelle, car le propre des chanoines réguliers et ce qui les distingue des autres clercs, consiste dans la vie commune. Dans cette perspective, le ministère paroissial et l'assistance spirituelle des fidèles se légitiment exclusivement dans les paroisses où la vie commune est possible.

Sous la Règle de saint Augustin

Une fois les premiers compagnons réunis à Prémontré, il s'agit de choisir un style de vie, soit la vie monastique rénovée, soit le grand mouvement lancé par les chanoines réguliers. Cette deuxième formule offrait divers avantages : Norbert et ses compagnons clercs pourraient demeurer fidèles à leur vocation première. En outre, cette formule leur assurait la possibilité de vivre la vie commune, tout en leur permettant de se livrer au ministère sacerdotal. Norbert voulait par-dessus tout vivre la vie apostolique telle qu'elle apparaissait dans la vie de l'évêque d'Hippone qui, au Ve siècle, avait réuni ses clercs autour de lui pour le service de l'Eglise. C'est là la raison profonde du choix de la Règle de saint Augustin.

▲ *Beauport : gisant d'abbé.*
[Photo Yvon Boëlle]

L'abbé

Au sein de la communauté, l'abbé est le promoteur de l'unité dans la charité, serviteur de ses frères et leur chef de file dans la fidélité à la Règle. Son rôle au service de la vie commune est, à l'imitation du Christ, celui du Bon Pasteur qui conduit son troupeau, de la contemplation au travail entendu dans le sens le plus large, non seulement le travail manuel mais aussi le ministère apostolique. Epoux de son Eglise qui est Mère de tous ceux qui par leurs vœux religieux acquièrent en elle un droit de véritable filiation, l'abbé est aussi Père, dans la mesure où c'est lui qui donne de nouveaux fils à l'Eglise-Mère, en recevant à la profession canoniale les membres de la communauté, accroissant ainsi la famille qu'est l'abbaye, en nourrissant cette famille par la prédication régulièrement adressée aux religieux dont il est le père, et qui est une des charges principales de l'abbé à l'intérieur de la communauté.

Le choix de Prémontré

« Mon seigneur et mon père, c'est ici que je veux demeurer. J'ai reconnu le lieu que le Seigneur m'a destiné. Ce sera mon siège et mon repos. Beaucoup d'hommes y trouveront le salut. Toutefois ce n'est pas cette chapelle qui en sera le centre ; c'est de l'autre côté de la vallée qu'on bâtira la maison. Cette nuit, j'ai vu en songe une multitude d'hommes en blanc qui faisaient processionnellement le tour de la vallée avec des croix d'argent, des chandeliers et des encensoirs. »

L'abbé est avant tout le Bon Pasteur : sa crosse en est le symbole. ◄
[Photo Annie-Claude Ballini, Association des amis de l'abbaye de Beauport]

◄ *Bas-relief de l'abbatiale Saint-Martin de Laon (Aisne) : saint Martin partageant son manteau.* [Photo Hervé Champollion]

Le symbolisme pascal de l'habit blanc, d'après Anselme de Havelberg

« L'ordre monastique porte un habit sombre qui marque qu'il se mortifie au monde pour nous représenter la mort du Christ et la façon dont nous devons mourir à nos vices et à nos convoitises. L'ordre clérical porte un habit blanc qui éclate comme celui de l'ange en qualité de témoin de la Résurrection du Christ et insinue comment nous devons ressusciter avec le Christ pour mener une vie nouvelle. »

L'Europe de la spiritualité

Dans l'intention de saint Norbert, la communauté de Prémontré devait imiter ou, mieux, perpétuer celle de Jérusalem décrite dans les Actes des Apôtres : une multitude de croyants réunis autour des douze Apôtres et de la Vierge Marie. Aussi, outre les chanoines, nous trouvons à Prémontré, dès les origines, des hommes et des femmes qui ont résolu de « se convertir », ce qui signifie, au XIIe siècle, embrasser la vie régulière. Le premier abbé de Prémontré, Hugues de Fosses, dessine la physionomie de l'ordre constitué de communautés autonomes réunies par un lien organique, le chapitre général réunissant périodiquement les abbés de toutes les maisons disséminées à travers l'Europe.

Les deux premiers siècles de l'ordre furent des « siècles d'or », dans la mesure où ils virent croître de manière prodigieuse le nombre des abbayes et des religieux, et fleurir une spiritualité profondément enracinée dans l'élan de ferveur caractéristique du Moyen Age.

Parmi les figures les plus significatives, dont le message demeure étonnamment

Façade de l'abbatiale Saint-Martin de Laon (Aisne). De cette abbaye, l'ordre essaima dans l'Europe entière. ► [Photo Hervé Champollion]

Sceau de l'abbaye de Beauport. ▲
[Photo Yvon Boëlle]

Beauport (Côtes-d'Armor). ►
[Photo Richard Nourry, Scope]

Abbaye de Beauport

L'abbaye Notre-Dame, située à Paimpol dans les Côtes-d'Armor, fondée entre 1184 et 1189, fut intégrée en 1202 à l'ordre de Prémontré par l'évêque de Saint-Brieuc. Cette fondation fut bien accueillie et reçut d'Innocent III trois confirmations en 1202, 1208 et 1213. L'abbaye de Beauport fut ainsi très richement dotée. Elle prospéra au point d'ouvrir une banque, pour favoriser les transactions financières. Le cartulaire de l'abbaye met en évidence le travail et le génie des religieux du XIIe siècle, pour instituer tout un système d'hypothèques. Ces prêts hypothécaires à taux modéré rendirent de grands services à la société, à l'occasion des croisades. Plus d'un chevalier partant pour la Terre sainte sauva ainsi son patrimoine.
Beauport possédait des églises, qu'en vertu d'un privilège obtenu en 1260, elle pouvait faire desservir par ses propres religieux : Plouha, Plouézec, Boqueho, Poredic, Yvias, Plélo, Plouvara, Etables, Kérity, Perros-Hamon avec ses filiales de Lannevez et Lanvignec, et Plouagat. Elle étendait encore son domaine sur les paroisses reçues du monastère de Saint-Rion : Ile-aux-Cerfs, Bréhat et l'Ile-Béniguet. Beauport abandonna bientôt ces dernières devenues

▲ *Beauport. Ici s'unissent la nature et l'œuvre des hommes, la création retrouve son harmonie.*
[Photo Yvon Boëlle]

◄ *Beauport. L'abbaye apparaît telle une forteresse, mais ses murailles sont largement ouvertes sur le monde.*
[Photo Hervé Hugues]

désertes. Elle possédait encore le prieuré conventuel de West Ravendale avec ses neuf églises, et les prieurés simples de Baguer-Pican, Saint-Macaire et Notre-Dame de Fontaines à Châteaulaudren. Beauport exerçait le droit de patronage alternativement avec l'abbé de Beaulieu sur la paroisse de Goudelin.

En 1615, Beauport comptait 15 chanoines ; en 1768, 25 dont 12 résidents ; en 1790, 19 chanoines dont 10 résidents. Parmi les prieurs-curés, le plus célèbre fut sans conteste Hervé-Julien Le Sage, dont le *Journal* d'exil a été récemment publié. Au moment de la suppression de Beauport en 1790, la bibliothèque conventuelle possédait 2100 volumes.

L'abbaye fut vendue en 1797 à un négociant de Paimpol. Au cours du XIXe siècle, les voûtes et les tours de l'église s'écroulèrent par manque d'entretien. Vers 1820, René de Lamennais eut l'intention de restaurer l'ensemble monumental, mais il n'en eut pas les moyens. Les bâtiments subsistants furent achetés en 1845 par le comte Ponenstki qui se consacra à leur restauration et réussit, en 1862, à faire classer Beauport par les Monuments historiques.

Aujourd'hui, Beauport offre de très beaux vestiges de l'église gothique et deux ailes encore entières du monastère. Les stalles du chœur, du XVe siècle, ont été transportées dans l'église abbatiale de Boquen.

▼ *Beauport. Partout, l'utile se manifeste sous la forme du beau.*
[Photo Yvon Boëlle]

actuel, Gauthier de Saint-Maurice, premier abbé de Saint-Martin de Laon en 1124, formait ses disciples à imiter le Christ dans le dénuement. Il était lui-même un modèle qui prêchait par son exemple de vie vouée au service de Dieu dans la méditation et la prière liturgique. A titre d'exemple, son abbaye fut des plus fécondes et fonda de nombreuses abbayes dans toute l'Europe : Saint-Vincent de Lisbonne qui fut éphémère, Koscielna à Wroclaw en Pologne, Lac de Joux en Suisse, Drongen et Parc en Belgique, Marienweerd en Hollande, Corneux, La Casedieu, Valchrétien, Lavaldieu, Vicogne, Thenailles, Mont-Saint-Martin et Licques en France.

De son côté, Anselme de Havelberg, consacré évêque par saint Norbert, contribua à l'extension de l'ordre vers l'Elbe. Il fut choisi par le pape Innocent II pour prendre part en 1136 à une ambassade auprès des Grecs. Anselme nous a laissé le témoignage de ses sentiments en ces terres situées aux marches de la chrétienté. Grand théologien, il affina, au contact de l'Orient, son sens théologique et développa une profonde dévotion envers le Saint-Esprit. Pour lui, l'Eglise catholique tient sa vie et sa fécondité de l'Esprit qui sanctifie tout ce qui se développe en elle dans la fidélité au Christ.

Le prémontré Adam Scot, abbé de Dryburgh, devenu par la suite chartreux à Witham, est né vers 1150, en Angleterre. Il fait partie des spirituels médiévaux pour lesquels la pensée chrétienne est en train de se renouveler sous l'influence du Saint-Esprit. Il vénère les Pères et puise dans leur œuvre. Il croit fermement que l'Esprit continue à inspirer l'Eglise et suscite sans cesse l'amour de suivre le Christ.

L'influence des croisades fut grande sur la spiritualité des Prémontrés, spécialement sur l'accueil des pauvres et des pèlerins : saint Gilbert de Neuffontaines en est l'un des principaux témoins. Au retour de la croisade prêchée par saint Bernard, Gilbert résolut, avec son épouse Pétronille et sa fille Poncia, de se consacrer à Dieu. Il donna une partie de ses biens aux pauvres, construisit un monastère de moniales norbertines dans lequel entrèrent sa femme et sa fille, puis fonda l'abbaye de Neuffontaines en Auvergne et en devint le premier abbé. Il éleva un hôpital qui devint rapidement célèbre par les miracles qu'il y accomplit.

Première approbation de l'ordre (1124)

« Nous rendons grâces à Dieu dont la miséricorde surpasse toute vie, de ce qu'il vous a inspiré de renouveler la vie louable des saints Pères et l'institution établie par la doctrine des Apôtres, laquelle fleurissait au début de l'Eglise mais se trouve presque abolie dans les siècles suivants. Car il y eut dès les origines de l'Eglise deux genres de vie pratiqués par les fidèles : l'un pour les faibles, l'autre pour les plus forts, l'un qui demeure dans la petite ville de Ségor, l'autre qui s'élève au sommet des montagnes; l'un qui rachète ses fautes quotidiennes par les larmes et l'aumône, l'autre qui, par l'exercice continuel des vertus, travaille à l'acquisition des mérites éternels; l'un est engagé aux affaires terrestres, l'autre élevé au-dessus du siècle et dégagé de tous les biens qu'il méprise. »

▼ Le logis abbatial de Saint-Martin de Laon (Aisne).
[Photo Hervé Champollion]

L'office divin selon Adam Scot

« L'office est spécialement l'œuvre de Dieu. Là tu te tiens devant Dieu, tu te présentes à lui, tu t'entretiens avec lui. Comme il faut te tenir saintement, dévotement, impeccablement, dans tous tes mouvements, lorsque tu te trouves en présence de Dieu ! Quelle sagesse il faudrait pour méditer de cœur les paroles que tu lui adresses et pour les prononcer de bouche ! »

Le renouveau de la réforme catholique

Les XIVe et XVe siècles sont surtout connus comme une période de déclin religieux, mais les premiers signes d'une réforme dans l'ordre de Prémontré se manifestèrent en Allemagne, à Notre-Dame de Magdebourg, dès le milieu du XVe siècle. L'abbaye de Teplá en Bohême connut elle aussi, dès la moitié du XVe siècle, une réforme régulière qui influença de façon notable l'ensemble des abbayes prémontrées de Bohême, tandis qu'en Rhénanie, un retour à la Règle du Maître s'opérait sous l'impulsion de Jacques Panhausen, abbé de Steinfeld entre 1540 et 1582.

La Réforme catholique s'effectua aussi grâce à la fondation des collèges de l'ordre. A l'exception du collège Sainte-Anne de Paris, fondé au Moyen Âge, les collèges du XVIe siècle sont des fondations universitaires nouvelles, tous se situent sur des terres irriguées par la Réforme catholique. Salamanque, Louvain, Cologne, Douai, Rome, Prague représentent des enjeux considérables pour l'avenir de l'Eglise et de la société. Ces fondations témoignent d'une claire vision de la situation civile et religieuse de l'Europe, et mettent en lumière le caractère novateur ou, mieux, réformateur, de l'Université du XVIe siècle.

Divers mouvements de réforme de l'ordre se dessinèrent en Espagne, en Angleterre et en Hongrie, mais avec des caractéristiques très variées. Le pape saint Pie V, dominicain, entendait redonner vigueur aux ordres religieux

▲ *Depuis plus de huit siècles, l'abbaye de Strahov est un signe de la présence de Dieu au cœur de Prague.*
[Photo Association des amis de l'abbaye de Beauport]

▼ *La réforme catholique utilise les images pour exprimer le mystère. Basilique abbatiale de Strahov (Prague).*
[Photo Association des amis de l'abbaye de Beauport]

Très belle bibliothèque ▲ de l'abbaye de Teplá (République tchèque).
[Archives de l'abbaye de Teplá]

anciens pour en faire, à côté d'institutions nouvelles comme la Compagnie de Jésus, le fer de lance de la réforme spirituelle et disciplinaire de l'Eglise catholique, promulguée par le concile de Trente (1545-1563) et dont les effets ont été considérables jusqu'à nos jours. Il suffit de donner l'exemple de la fondation des séminaires pour la formation des futurs prêtres. Cependant, en Espagne, Philippe II avait d'autres projets. Au mois de janvier 1567, le roi informa Pie V qu'une réforme était urgente chez les Prémontrés. Il avait, en fait, le projet de les intégrer à l'ordre des Hiéronymites. Cet ordre, placé sous le patronage de saint Jérôme, qui avait été fondé au XIVe siècle en Espagne, était réputé pour sa grande austérité et avait joui successivement de l'appui de l'empereur Charles Quint et du roi Philippe II d'Espagne. Les Prémontrés se récrièrent et, pour échapper à la suppression, adoptèrent de nouveaux statuts qui les séparaient, de fait, de l'ensemble de l'ordre.

En Angleterre, Richard Redman fut l'homme de la réforme des Prémontrés. Il tint un rôle de premier plan dans la hiérarchie catholique d'Angleterre, au cours des dernières décennies du XVe siècle et au début du XVIe. Pendant plus de quarante ans, il consacra ses énergies au renouveau de l'Eglise, d'abord comme abbé de Shap ou Heppe, comme vicaire de l'abbé général, puis comme évêque.

L'intérêt de la réforme dont François Fegyverneky fut le promoteur en Hongrie au XVIe siècle, tient à plusieurs facteurs : sa précocité et la situation générale précaire de l'ordre dans ce pays. Prévôt de Ság de 1506 à 1535, et visiteur général de l'ordre de Prémontré en Hongrie, de 1510 à 1535, il fut un supérieur exemplaire par son esprit d'humilité et sa vie personnelle, œuvra au renforcement des liens avec l'abbaye mère de Prémontré, et manifesta sa volonté de conserver la vie religieuse authentique à l'abri d'influences extérieures.

La réforme catholique constitue l'une des périodes les plus fécondes de l'histoire des Prémontrés, notamment dans le domaine de la spiritualité. Le désir d'une vie religieuse profondément vécue entraîna dans son sillage un renouveau institutionnel dont les fruits furent nombreux et de longue durée, jusqu'au XXe siècle.

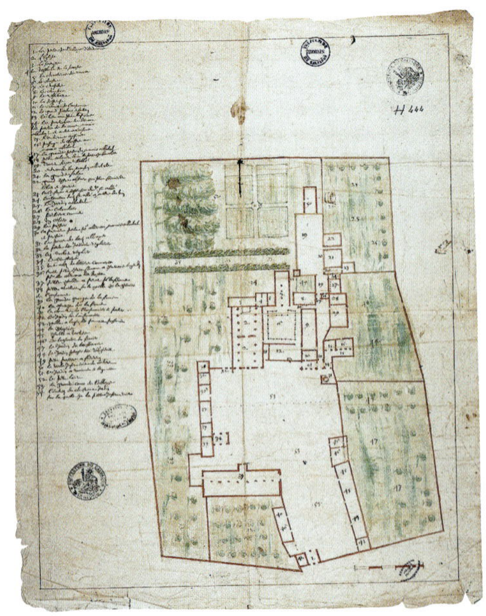

Après les guerres de Religion, ► le XVIIe siècle fut un siècle de grandes reconstructions. Plan de l'abbaye d'Ardenne, manuscrit du XVIIe siècle.
[Archives départementales du Calvados]

La Lorraine prémontrée, terre de Réforme catholique

Le prémontré Nicolas Psaume a l'originalité de compter parmi les rares réformateurs catholiques prétridentins que comptaient les pays de langue française dès la première moitié du XVIe siècle. Psaume est un pur produit de l'université de Paris : condisciple d'Ignace de Loyola, il s'ouvre de bonne heure aux problèmes de son temps et recueille de ses maîtres parisiens l'élan réformateur semé par Jean Gerson deux siècles plus tôt. Successeur de son oncle François Psaume à la tête de l'abbaye Saint-Paul de Verdun, Nicolas Psaume fut d'abord nommé par le pape Paul III abbé commendataire pour une durée de deux ans, puis devint abbé régulier en 1540, à l'âge de vingt-deux ans. Le jeune supérieur se présente tout de suite à sa communauté comme un réformateur déterminé. Réformer la vie conventuelle suppose de dénoncer les abus, mais surtout d'alimenter la spiritualité des religieux. C'est ce à quoi s'emploie le jeune abbé dans ses prédications aux religieux réunis dans la salle du chapitre, lieu habituel de réunion de la communauté. Le nom de « salle du chapitre » ou « salle capitulaire » vient du fait que chaque réunion commence par la lecture d'un chapitre de la Règle. Très lié à la Maison de Lorraine et surtout au cardinal Charles, archevêque de Reims et évêque de Metz, il reçut du cardinal Jean de Lorraine l'évêché de Verdun en 1548. Il incarna si bien l'esprit de la réforme catholique qu'il devint le « Charles Borromée de la Lorraine ». Il participa à deux périodes du concile de Trente, celles de 1551-1552 et 1562-1563 : son rôle y fut décisif. Il y intervint notamment pour défendre la discipline ecclésiastique, pour exiger la résidence des évêques et des curés, et condamner le système de la commende, un système qui consistait à nommer abbé d'un monastère ou évêque d'un diocèse une personne, clerc ou laïc, qui ne remplissait pas la fonction correspondant à son titre, mais percevait les revenus qui y étaient attachés, l'abbaye ou le diocèse demeurant privés d'un vrai supérieur, ce qui entraînait de nombreux désordres. Nicolas Psaume se signala surtout pour ses prises de positions dans le débat sur l'origine du pouvoir des évêques et gagna les Pères du concile à ses vues. Les moyens employés par Psaume pour établir la réforme catholique à Verdun sont ceux que le concile de Trente devait préconiser. Tout découle de l'évêque, car il a été placé à son poste « pour conduire l'Eglise de Dieu que le Christ a acquise dans son propre sang ». Il tient sa mission de Dieu qui l'a établi à la tête de l'ensemble du troupeau du Christ, qui lui est confié.

Le renouveau de la spiritualité s'effectua, chez les Prémontrés de Lorraine, sous l'influence des Jésuites, comme en témoigne la fondation de la Communauté de l'Antique Rigueur fondée par Servais de Lairuels à Pont-à-Mousson. En 1603, il publia

L'idéal de l'ordre de Prémontré

« Notre ordre, c'est la propagation de la gloire de Dieu, le zèle des âmes, l'administration des divins sacrements, le service de l'Eglise de Dieu. Notre ordre, c'est la prédication de l'Evangile, l'enseignement des rudiments de la foi aux ignorants, la fréquentation de la lecture sainte, la conduite de l'Eglise de Dieu, et, selon Ezéchiel, c'est le fait de s'élever en s'opposant, c'est-à-dire en résistant aux péchés du peuple par la liberté pastorale [...] Tout ceci est la fonction de notre ordre, l'unique but de ses efforts, sa fin et son esprit ».
Cf. Statuts de 1630.

▼ *L'ancienne abbaye des Prémontrés à Pont-à-Mousson (Meurthe-et-Moselle), une implantation significative à côté de l'Université des Jésuites.*
[Photo Bruno Barbier]

Exhortation spirituelle de l'abbé Nicolas Psaume (24 décembre 1540)

« Si quelqu'un d'entre vous avait l'intention de recevoir comme hôte une majesté impériale ou quelque autre prince de la terre, nul doute qu'il mettrait tout en œuvre pour le recevoir avec magnificence [...] En effet, s'il ne faisait aucun préparatif pour son hôte et ne mettait aucun soin à embellir sa maison, mais au contraire le recevait dans un lieu fétide, malsain et pestilentiel, n'aurait-il pas méprisé la majesté impériale et ne devrait-il pas être accusé pour cela de crime de lèse-majesté ? Et pour un si grand affront et un tel mépris ne devrait-il pas être jugé à bon droit digne des supplices les plus infâmes ? Vous pensez quels supplices plus affreux méritent ceux qui, au moment où vient le Roi des rois et le Seigneur des seigneurs, notre Seigneur, notre Roi, celui que redoutent les enfers, qu'adorent les anges, se conduisent avec négligence [...] Alors, accourrons à lui en disant d'une seule voix : Hosanna au Fils de David, béni soit celui qui vient au nom du Seigneur, célébrant la solennité de sa venue par des azymes de sincérité et de vérité. Déjà en effet, notre salut est plus proche de nous que nous ne croyons. Il vient afin que le peuple qui erre dans les ténèbres voie la lumière et par lui il soit sauvé [...] O grand et admirable mystère d'un tel avènement ! O avènement salutaire d'un si grand roi, tant souhaité par tout le monde ! O amour ineffable du roi éternel qui pour le salut du monde n'a pas redouté de s'incarner dans le sein d'une vierge, qui s'est fait obéissant jusqu'à la mort ! »

▲ *Statue d'angelot, Pont-à-Mousson, Sainte-Marie-Majeure.*
[Photo Richard Nourry, Scope]

l'*Optica Regularium* dans lequel il exposait l'idéal de la vie prémontrée. Pour redonner à l'ordre de Prémontré sa véritable identité, Lairuels s'attacha à souligner les points fondamentaux qui lui apparaissaient « substantiels » dans la règle norbertine et la distinguait de celle des autres instituts. Il étendit son influence sur plusieurs abbayes qui formèrent la Communauté de l'Antique Rigueur, non sans susciter des réactions de méfiance au sein de l'ordre. L'influence de la Compagnie de Jésus sur cette réforme fut considérable et parfois au détriment d'éléments importants, comme la stabilité des religieux dans l'abbaye de leur profession. Forte de sa structure canonique et civile, et surtout du zèle de ses religieux, la Communauté de l'Antique Rigueur se développa rapidement. Née dans un milieu fécondé intellectuellement par le développement de l'université de Pont-à-Mousson, et spirituellement par la Compagnie de Jésus, la réforme de Servais de Lairuels représente un succès que seule la Révolution de 1789 parvint à arrêter net.

La canonisation de saint Norbert en 1582 eut un retentissement considérable dans tout l'ordre de Prémontré, mais c'est surtout la translation de son corps en l'abbaye de Strahov à Prague, qui provoqua chez les Prémontrés un ressourcement de la mémoire dont témoignent les nouveaux *Statuts* publiés en 1630. Ce nouvel élan contribua à la promotion des dévotions eucharistique et mariale dans l'ordre et favorisa l'éclosion du tiers-ordre qui réunit en communion spirituelle de nombreux laïcs avec les Prémontrés.

Les influences intellectuelle et spirituelle ► *des Jésuites s'expriment dans l'art, à Pont-à-Mousson.* [Photo Bruno Barbier]

▼ *La translation du corps de saint Norbert à Prague inaugure un renouveau de l'ordre. Tombeau de saint Norbert, cuivre de 1811 (Strahov, Prague).*
[Photo Association des amis de l'abbaye de Beauport]

A travers la tourmente

Au cours du XVIII*e siècle,* ▲ *les Prémontrés se consacrèrent nombreux aux sciences nouvelles. Bibliothèque de Strahov,* XVIII*e siècle (Prague).* [Photo Association des amis de l'abbaye de Beauport]

Le XVIIIe siècle apparaît, dans l'ordre de Prémontré, comme un siècle de continuité et de grande vitalité. L'abbé général Claude-Honoré-Lucas de Muin, qui fut le dernier abbé général à convoquer le chapitre réunissant les abbés de tout l'ordre, en 1717 et 1738, eut la préoccupation constante de maintenir partout la liturgie norbertine et œuvra avec zèle à la prospérité de l'ordre.

De la sécularisation dans l'Empire…

L'empereur Joseph II entendait mettre fin dans son empire à la juridiction de chefs d'ordre étrangers sur les abbayes, monastères et couvents de son ressort. D'autre part, procédant selon le critère de « l'utilité », la sécularisation, qui commença par l'Autriche en 1782, éteignit en quelques années pratiquement toutes les maisons prémontrées de l'empire. Les églises devinrent paroissiales, ce qui les sauva de la destruction, surtout au sud. Déjà en 1769, l'Electeur de Bavière obligea les monastères placés sous sa juridiction à rompre tous les rapports avec les supérieurs étrangers. En 1780, lorsque Joseph II commença à régner, la circarie de Bohême — « circarie » est le nom donné, depuis 1320, aux provinces de l'ordre de Prémontré — comptait quinze communautés masculines avec 694 religieux, et trois monastères de moniales avec 115 religieuses. Cette même année, l'empereur interdit de recevoir des novices et, peu après, interdit tout rapport avec Prémontré et avec les autres circaries. En 1804, l'abbé de Strahov reçut pourtant le titre de *président* des maisons de l'ordre subsistant en Autriche, mais cette fonction était purement honorifique. Les abbayes de Hongrie, supprimées par l'invasion des Turcs en 1526, se reconstituèrent modestement au cours du XVIIe siècle. Joseph II les supprima toutes entre 1785 et 1787, et raya une nouvelle fois l'ordre de Prémontré de la Hongrie. De l'actuelle Belgique aux marches de l'empire, l'ensemble des abbayes disparut.

… À LA RÉVOLUTION FRANÇAISE

En France, la Révolution ne tarda pas à prendre des mesures drastiques envers les religieux. Du 13 au 26 février 1790, l'Assemblée décida l'interdiction de prononcer des vœux religieux et la dissolution des communautés religieuses existantes. Le 1er novembre 1790, le décret spoliateur était signifié aux religieux de l'abbaye de Prémontré. L'abbé général Jean-Baptiste L'Ecuy s'apprêtait à célébrer la messe de la Toussaint, lorsqu'on vint lui signifier d'avoir à quitter son palais abbatial. Dix ans jour pour jour après son élection abbatiale, l'abbé de Prémontré devait être le premier à quitter son abbaye : « Le vœu de mes frères ceignit ma tête de la mitre et me chargea du soin de l'Ordre tout entier. Honneur bien grand sans doute, mais qui devait me coûter cher : j'étais destiné à voir notre ruine ! »

Les Prémontrés victimes de la Révolution furent nombreux. Les mille deux cents religieux contraints de quitter leurs abbayes furent, à l'évidence, des victimes de la Révolution, mais d'autres eurent à souffrir dans leur chair des lois

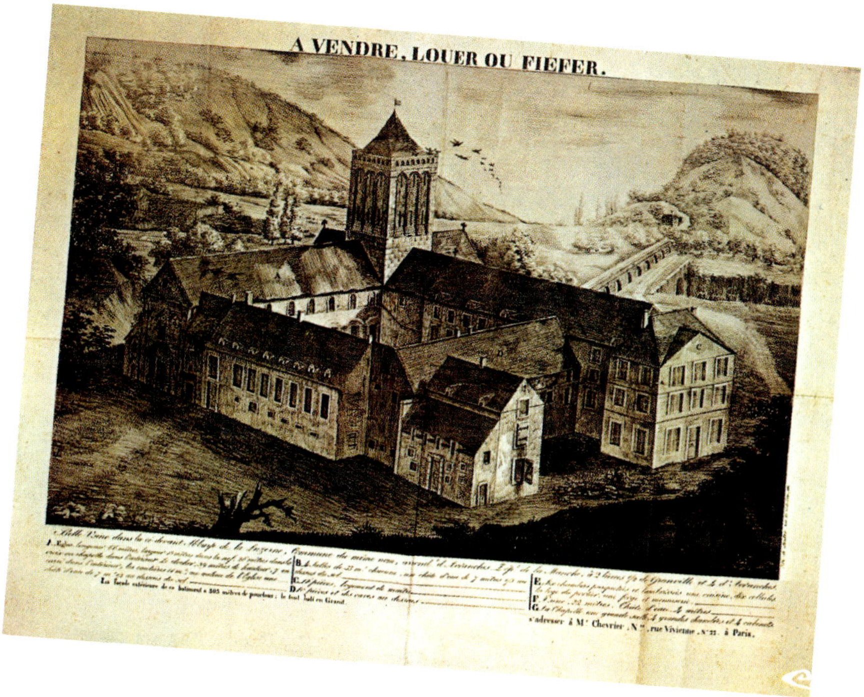

▲ *La Lucerne (Manche) : lithographie réalisée entre 1814 et 1824 pour illustrer une affiche de mise en vente de l'usine établie dans l'ancienne abbaye.* [Archives de l'abbaye]

▼ *Abbaye de La Lucerne (Manche) : détail d'un retable de la Passion.* [Photo Eric Cattin]

ESPÉRER CONTRE TOUTE ESPÉRANCE

« Notre véritable gloire est d'être des religieux estimés. Et que nous manque-t-il pour cela ? Si je porte mes regards sur le premier siège de l'ordre, je puis m'écrier avec le roi prophète que l'amour de la Vérité s'y est rencontré avec la bonté indulgente et que la Justice et la Paix se sont embrassées. Si je les tourne vers cette respectueuse Assemblée, un vénérable et vertueux vieillard, plusieurs hommes d'un mérite éminent en occupent les premières places ; les supériorités sont remplies par des sages et vigilants coopérateurs ; de bons et utiles curés sont répandus dans les différents diocèses ; une jeunesse qui promet s'élève dans nos maisons d'études mieux tenues ; et nos noviciats, malgré la défaveur des temps, ne se dégarnissent point. Reprenons donc courage et ayons soin qu'aucun schisme, aucune division ne rompe la paix entre nous ; car c'est encore, Messieurs, ce que le public nous pardonne le moins. Tâchons qu'un peu d'émulation vienne nous prêter son aiguillon salutaire. Bientôt tout renaîtra, tout se régénérera, cet Ordre verra luire encore des jours semblables à ceux de sa jeunesse. »

Cf. Discours prononcé dans la salle capitulaire de l'abbaye de Prémontré, le quinze août mil sept cent soixante-dix-neuf, à l'ouverture du Chapitre national par M. L'Ecuy, prieur du collège de Paris, Soissons, 1779, 27-28.

▲ *Abbaye de La Lucerne (Manche) : statue de la Vierge à l'Enfant.*
[Photo Richard Nourry, Scope]

▼ *Abbaye de La Lucerne (Manche).*
[Photo Richard Nourry, Scope]

contre la religion. Six moururent de mort violente, un nombre impressionnant dut se résoudre à l'exil, d'autres, assermentés ou non, connurent les rigueurs de la prison, d'autres furent déportés sur des bateaux au large des côtes de France, d'autres enfin furent parqués en Guyane où huit moururent.

Pierre-Adrien Toulorge, martyr de la Vérité

Parmi ces victimes de la Révolution française, domine la figure de Pierre-Adrien Toulorge, prémontré de l'abbaye de Blanchelande dans la Manche. Il naquit le 4 mai 1757 à Muneville-le-Bingard. Formé au collège puis au séminaire de Coutances, il fut ordonné prêtre, et devint vicaire de Doville, en décembre 1782, avant d'entrer à l'abbaye prémontrée de Blanchelande créée au XIIe siècle, quelques années après la fondation de l'ordre de Prémontré par saint Norbert.

Après le vote de la Constitution civile du clergé, Pierre-Adrien Toulorge poursuivit son ministère dans les paroisses des alentours, car il n'était pas fonctionnaire public. Lorsqu'il entendit parler de la loi du 26 août 1792 condamnant à la déportation tous les prêtres fonctionnaires publics qui n'avaient pas prêté serment, il se crut visé et décida, dans sa méprise, de partir pour l'île anglaise de Jersey. Ayant obtenu son passeport à la mairie de Neufmesnil, il le fit viser à Saint-Germain-sur-Ay, le 12 septembre. Les officiers municipaux ne prêtèrent pas attention à la méprise du religieux et le laissèrent partir. A Jersey, il apprit qu'il n'était pas visé par la loi de bannissement des prêtres réfractaires et

qu'il aurait pu rester en France sans être inquiété. A la première occasion, il débarqua clandestinement à Portbail, puis s'enfonça dans le maquis. L'année suivante, en septembre 1793, il fut capturé et jugé. Le tribunal était convaincu de son bref séjour à Jersey, mais n'en possédait aucune preuve. Après quelques hésitations, et au risque de sa vie, Pierre-Adrien Toulorge décida de dire toute la vérité, sachant qu'il était poursuivi parce qu'il était prêtre catholique.

La nuit précédant sa mort, il écrivit plusieurs lettres qui témoignent de sa conscience d'être mis à mort pour sa fidélité à la foi catholique et à l'Eglise. Guillotiné, le 13 octobre 1793, sur la place de La Croûte à Coutances, il fut inhumé dans le cimetière Saint-Pierre.

La profession de foi d'un martyr de la Révolution française : Pierre-Adrien Toulorge

« Mon cher Ami, je vous annonce une bonne et très heureuse nouvelle. On vient de me lire ma sentence de mort, à laquelle suivant saint Cyprien j'ai répondu : Deo gratias ! Demain, à deux heures, je quitterai cette terre chargée d'abominations pour aller au ciel jouir de la présence de Dieu et de mon Eglise : hélas ! comment se peut-il faire que, tout pécheur que je suis, j'aie le bonheur d'être couronné du martyre ? Je confesse à mon Dieu d'être très indigne d'une telle faveur ; mais que dis-je ? c'est le sort de ceux qui ont le bonheur d'être demeurés fidèles à la foi catholique, apostolique et romaine, à laquelle, par la grâce de Dieu, je suis extrêmement attaché [...] Ce qui est ma consolation maintenant, c'est que Dieu me donne une joie et une sérénité très grandes, et ce qui me fortifie, c'est l'espérance, que bientôt, je posséderai mon Dieu. »

Cf. [B. Ardura], *Beatificationis seu Declarationis Martyrii Servi Dei Petri Hadriani Toulorge, Sacerdotis professi Candidi et Canonici Ordinis Praemonstratensis, in odium Fidei, uti fertur, interfecti (1757-1793). Positio super Martyrio et fama martyrii*, Romae, 1999, p. 197.

Vitrail de Pierre Adrien Toulorge ▸ *à Muneville-le-Bingard (Manche).* [Photo Studio Tancrède, Coutances]

Une renaissance chargée de promesses… et d'obstacles

Le père abbé Edmond Boulbon, ▶ *fondateur de l'abbaye de Frigolet.* [Tableau du XIXe siècle, archives de l'abbaye de Frigolet]

Au lendemain de la sécularisation allemande et de la Révolution française, à quelques années de la suppression de l'ordre de Prémontré en Espagne, l'ordre subsistait seulement grâce à quelques abbayes d'Europe centrale.

La restauration de l'ordre de Prémontré au XIXe siècle

La révolution de 1830 rendit à la Belgique sa liberté. Ainsi, après trente-trois ans de dispersion, les religieux survivants eurent la joie de retrouver une partie de leurs anciennes abbayes. Cette restauration exigea beaucoup de courage et de générosité, mais elle fut couronnée de succès.

L'abbaye Saint-Martin ▼ *de Mondaye (Calvados) est la seule abbaye prémontrée restaurée après la Révolution.* [Photo Richard Nourry, Scope]

La restauration des Prémontrés en France est loin d'atteindre le succès obtenu en Belgique, puisqu'une seule des quatre-vingt-douze anciennes abbayes française, l'abbaye de Mondaye, reprit vie tardivement. Le lundi de Pentecôte 13 juin 1859, le père Joseph Willekens, de l'abbaye belge de Grimbergen, et trois autres confrères flamands firent leur entrée dans l'abbaye de Mondaye. Pie IX érigea Mondaye en abbaye avec son propre noviciat en 1873 et le père Willekens en devint le premier abbé. De nombreuses vocations se présentèrent rapidement et permirent à l'abbaye d'opérer deux fondations, à Balarin en 1867 et à Nantes en 1878.

En 1858, le père Edmond Boulbon, ancien trappiste, s'installa en Provence, à Saint-Michel de Frigolet, avec le dessein de fonder un nouvel institut religieux consacré à la célébration solennelle de la liturgie, tout en suivant ce qu'il considérait comme la législation la plus ancienne de l'ordre de Prémontré. Ainsi prit naissance une congrégation intitulée « Primitive Observance de l'Ordre de Prémontré ». Encouragé par le pape Pie IX et conseillé par le saint curé d'Ars, il entreprit de construire à Frigolet, dans un style fortement influencé par le romantisme ambiant, une abbaye dont

Le siège de Frigolet en 1880. ►
[Archives de l'abbaye de Frigolet]

le cœur devait être une immense église en style néo-gothique. Ecole d'ascèse et pionnier dans le domaine du renouveau liturgique, Frigolet acquit en peu de temps une renommée nationale. En 1869, Pie IX érigeait Frigolet en abbaye.

Les persécutions antireligieuses en France

Le 29 mars 1880, le président de la République, Jules Grévy, avait été contraint de signer deux décrets inspirés par Paul Bert, Jules Ferry et Léon Gambetta. Le premier décret prononçait la dissolution de la Compagnie de Jésus. Le second mettait les quelque cinq cents congrégations religieuses, restaurées ou fondées sans autorisation du gouvernement, en demeure de régulariser leur situation, sous peine de dissolution. Il fut vite clair que le gouvernement, en refusant la plupart des demandes, entendait donner un visage légal à la suppression pure et simple d'instituts jugés inutiles sinon nuisibles.

Du 3 au 7 novembre 1880, l'abbaye de Frigolet, dans laquelle nombre de Provençaux, dont le poète provençal Frédéric Mistral, avaient rejoint les religieux, fut assiégée par une compagnie de dragons. Après avoir, en vain, tenté de se faire ouvrir, le commissaire de police fit enfoncer la porte d'entrée et se présenta dans la salle capitulaire où se tenaient les religieux et les enfants de la maîtrise réunis autour du père abbé Edmond Boulbon. Après lecture de l'ordre d'expulsion, et devant le commissaire et les forces de police, les religieux chantèrent l'office que le père abbé conclut par sa bénédiction. Ils ne pourraient revenir qu'après la mort du fondateur, le père Edmond Boulbon, survenue en 1883.

La basilique abbatiale de Frigolet : ►
le style néo-ogival et la décoration d'inspiration médiévale orientent les fidèles vers le Christ présent dans l'Eucharistie.
[Photo Richard Nourry, Scope]

L'abbaye de Frigolet

L'abbaye Saint-Michel de Frigolet, située à Tarascon dans les Bouches-du-Rhône, est déjà mentionnée en 1120; il s'agit d'un monastère de chanoines réguliers, probablement issu de la réforme grégorienne.
Aux portes du monastère se trouve le petit sanctuaire de Notre-Dame de Frigolet, qui deviendra Notre-Dame-du-Bon-Remède au XVIIe. C'est ce lieu de pèlerinage qui donne une continuité à l'histoire très mouvementée de Frigolet. En 1792, la Révolution française lui donne un coup d'arrêt; la vie religieuse n'y existera plus pendant soixante-six ans.
Un trappiste de Sept Fons, le P. Edmond Boulbon, rêve de réintroduire l'ordre de saint Norbert, qui avait été balayé de la France par la Révolution. Muni de l'accord de ses supérieurs, il reçoit en 1856 l'habit blanc à l'abbaye de Prémontré à laquelle il tente de redonner vie; cette tentative est un échec. Sur les conseils du saint curé d'Ars, le Père Edmond prospecte dans le diocèse d'Aix et acquiert le monastère de Frigolet pour y fonder sa communauté de la Primitive Observance de Prémontré. L'installation a lieu en 1858 avec la bénédiction du pape Pie IX. Les premiers compagnons le rejoignent tout de suite. En dépit de la pauvreté qui confine à la misère et de l'austérité plus trappiste que canoniale, la communauté croît rapidement en nombre et en réputation. En 1867, le prieuré est érigé en abbaye. Père Edmond est élu premier abbé. En 1868, fondation de Notre-Dame d'Afrique, à la demande du cardinal Lavigerie, en 1873, fondation

▼ *Abbaye Saint-Michel de Frigolet, rêve néo-gothique du XIXe siècle.*
[Photo Hervé Champollion]

◄▲ *Ci-dessus et à gauche, détail des boiseries du XVIIe siècle, qui ornent la chapelle de Notre-Dame-du-Bon-Remède du XIIe siècle.*
[Photos Hervé Champollion]

du prieuré de Conques, à la demande du cardinal Bourret. Le gouvernement français demande de prendre en charge le monastère Sainte-Anne de Jérusalem et le roi d'Espagne proposera le service de Saint-Laurent de l'Escorial, la nécropole royale. Mais ces deux dernières fondations n'auront pas lieu. Les expulsions de 1880 mettent un frein à cette expansion. Après quelques jours de siège, le blocus de Frigolet, le monastère est pris par l'armée et la communauté doit s'exiler. Elle trouve refuge en Angleterre sur les terres du duc de Norfolk et y construira le monastère de Storrington, qui existe toujours. Père Edmond meurt des suites de cette épreuve en 1883. La communauté revient discrètement quelques années plus tard. Pendant ce temps, le nouveau pape Léon XIII veut mettre de l'ordre dans le foisonnement d'instituts religieux et exerce des pressions très vives pour que la « Primitive Observance », devenue entre-temps la « Congrégation de France » de Prémontré, s'unisse à la « Commune Observance ». En dépit de la division des confrères sur ce sujet, la raison l'emportera, l'union sera scellée en 1898, et le Rme P. Denis Bonnefoy sera élu abbé. De nouveau l'orage gronde du côté des lois françaises. Des tentatives pour échapper à une nouvelle expulsion aboutissent à la fondation des missions à Madagascar qui dureront jusque dans les années 1930. Hélas, le décret tombe en 1903 : les biens sont confisqués, il faut partir. La communauté rachète les ruines de l'ancien monastère prémontré de Leffe, en Belgique, le rénove et s'y installe pour vingt ans. Entre-temps, la guerre de 1914-1918 a lieu, le monastère de Leffe est investi par les Allemands, la communauté arrêtée et déportée. C'est un petit nombre qui revient de ce second exil en 1922 pour se réinstaller dans Frigolet, qu'il faut de nouveau restaurer. Aujourd'hui, les religieux y vivent l'essence de la vie canoniale : une vie communautaire rythmée par la prière liturgique (offices et eucharistie) qui se déploie dans le ministère apostolique (accueil, retraites spirituelles et accompagnement spirituel et service auprès des malades, sessions d'études et séminaire). L'abbaye dessert les paroisses de la Montagnette et publie depuis 1938 la revue *Le Petit Messager*.

Texte de Frère Patrice, abbaye de Frigolet.

Le 4 novembre, sur décret du préfet de Caen, la communauté de l'abbaye de Mondaye était expulsée. Le père abbé Willekens, de nationalité belge, fut prié de quitter la France dans les vingt-quatre heures. Les autres religieux, d'une main leur bréviaire et de l'autre leur sac de voyage, passèrent un à un devant l'abbé pour recevoir sa bénédiction. Le lendemain à 10 heures, le quai de la gare de Bayeux était noir de monde pour recevoir la bénédiction de l'abbé qui partait pour l'exil. En 1887, mettant à profit une accalmie de la persécution, les religieux se réunirent à Mondaye pour la retraite annuelle et entreprirent discrètement leur rétablissement à Mondaye.

La persécution antireligieuse ne doit par faire oublier que la branche féminine de l'ordre de Prémontré parvint à se reconstituer à Bonlieu dans la Drôme, avec la fondation en 1869, d'un monastère qui fut l'œuvre d'une âme d'élite, Mlle Odiot de Benoît de la Paillone. Les débuts de la fondation furent marqués par des rapports orageux avec l'abbé de Frigolet, Edmond Boulbon, ce qui détermina les religieuses à se lier avec les communautés de Belgique. Ce fut leur salut.

L'ère des persécutions coïncida, comme il advient souvent, avec celle de l'expansion et des fondations nouvelles. C'est ainsi que l'ordre s'implanta, selon des fortunes diverses et d'une façon plus ou moins durable, en Algérie, en Angleterre, aux Etats-Unis, en Amérique latine, au Congo belge et à Madagascar.

La persécution de 1880 en France fut ressentie durement, mais elle n'était que le prélude au grand exil de 1903. En 1901, le Parlement vota une loi sur les associations. Les congrégations religieuses devraient obtenir la reconnaissance légale du gouvernement pour s'établir en France, mais le président du Conseil, Waldeck-Rousseau, avait tout prévu, surtout la possibilité pour l'Etat de refuser cette reconnaissance. Il devait trouver en la personne du nouveau président du Conseil, Emile Combes, un artisan de cette politique antireligieuse.

◄ *Vue aérienne de l'abbaye de Tongerlo (Belgique).*
[Photo Archives de l'abbaye de Tongerlo]

Expulsées, les moniales de Bonlieu trouvèrent alors refuge en Belgique, près de l'abbaye de Grimbergen, dans un château de la famille de Mérode. Elles devaient attendre 1933 pour revenir à Bonlieu. Parties de France au nombre de vingt-cinq, elles revenaient au nombre de vingt-deux. La communauté de Frigolet, expulsée de son abbaye, trouva refuge dans l'ancienne abbaye de Leffe à Dinant en Belgique. De soixante religieux partis de Frigolet en 1903, il ne restait que trente survivants en 1919. Le père Adrien Borrelly nouvellement élu abbé réinstalla sa communauté en Provence en 1920. L'abbé de Mondaye trouva pour accueillir les exilés le prieuré de Bois-Seigneur-Isaac, près de Braine-l'Alleud, au diocèse de Malines. Au mois de juillet 1921, huit religieux revenaient à Mondaye et entreprenaient de remettre l'abbaye en état.

La libération du père abbé Vitus Tajovský, prisonnier des communistes (1949-1960)

« Tout d'abord je suis allé voir mon ami, prêtre à Brno, pour me rétablir un peu et pour me préparer à la rencontre avec maman et mes frères : dans quelques jours, j'étais à Havlíčkův Brod. C'était la plus belle rencontre de ma vie. Pleine de larmes, il est vrai, mais combien touchante. La première des choses à laquelle je tenais, c'était de pardonner à tous ceux qui m'avaient fait du mal, et oublier toutes les injures qui m'ont pris de plein fouet. »
Cf. M. Zavřel, Vít Tajovský, Opat Želivského Kláštera. Le Père Supérieur du Monastère de Želiv, Havlíčkův Brod, 1991.

Expansion de l'ordre et persécution communiste

En dépit des obstacles, l'ordre continua son expansion au XXe siècle. L'abbaye néerlandaise de Berne procéda à une fondation au nord de l'Inde, tandis que les abbayes belges de Postel, Tongerlo et Grimbergen renforçaient leur présence en Afrique et que les expulsés tchèques de l'abbaye de Teplá créaient une nouvelle communauté au Kérala dans le sud de l'Inde. L'ordre poussa de nouvelles racines en Irlande, au Danemark et en Australie.

Sous le régime communiste, la situation des abbayes prémontrées de Hongrie, Tchécoslovaquie et Roumanie fut, à bien des égards, semblable à celle des abbayes françaises durant la Révolution. Confiscation des biens, emprisonnements, tortures, exécutions de religieux, répression, isolement et interdiction de tout apostolat furent le lot commun de centaines de religieux durant un demi-siècle. A vrai dire, quelques abbayes, comme Nova Říše et Želiv, supprimées par le régime hitlérien entre 1941 et 1945, et Teplá dont les membres allemands furent expulsés de Tchécoslovaquie en 1945-1946, eurent à souffrir avant l'établissement des régimes communistes d'Europe centrale. Il fallut attendre la chute de ces régimes pour que toutes les abbayes supprimées au lendemain de la Seconde Guerre mondiale au nom de l'athéisme marxiste et stalinien reprennent vie en République tchèque, en Slovaquie, en Hongrie et en Roumanie.

▼ *Abbaye d'Averbode (Belgique).*
[Droits réservés]

Norbert, homme du IIIe millénaire

A l'aube du IIIe millénaire et à près de neuf siècles de la fondation de Prémontré, saint Norbert reste plus que jamais actuel, car son intuition repose sur des convictions qui passent le temps : l'Eglise ne peut se réformer, c'est-à-dire se couler à nouveau dans la « forme », la matrice des origines, et répondre aux nouvelles nécessités apostoliques sans une recherche authentique de sainteté. Les abbayes de Frigolet et de Mondaye, les prieurés dépendants et le monastère des Norbertines de Bonlieu en témoignent en France : la vie religieuse est, chez les fils et les filles de saint Norbert, au service de l'Eglise à travers la prière et l'exercice du ministère pastoral. La vie commune et le partage des biens constituent en eux-mêmes un témoignage parlant pour le monde d'aujourd'hui.

▲ *Retable de la Messe de saint Grégoire : retable du Saint-Sacrement provenant de l'abbaye des Prémontrés à Averbode (Belgique).* [Musée du Moyen Age de Cluny. Photo RMN, G. Blot]

L'autonomie des communautés voulue par saint Norbert dans l'unité de l'ordre permet les adaptations locales et la réponse aux besoins de mondes différents.

Le propos de vie des Prémontrés, vécu dans la vie quotidienne des abbayes, des prieurés et des monastères, enracine leur vie dans les conseils évangéliques offerts par le Christ à ceux qu'il appelle à le suivre de plus près, en renonçant à eux-mêmes pour le service de Dieu, de l'Eglise et du monde. Cet enracinement évangélique est vécu par les Prémontrés comme le fondement de leur mission.

La vie apostolique inspirée de celle des Apôtres réunis autour du Christ dans une vie commune, implique pour chaque prémontré la communauté de prière, de biens et de ministère pastoral. Vivre en communion personnelle avec le Christ et chanter ensemble ses louanges, mettre en commun tout ce que chacun reçoit pour que Dieu soit le trésor de tous, s'acquitter du ministère pastoral en tant qu'envoyés, messagers et témoins de la Bonne Nouvelle de l'Evangile, demeure une des caractéristiques de la vie des fils de saint Norbert.

En se vouant à une communauté prémontrée, le religieux s'engage à mettre ses pas dans ceux de saint Norbert et à prendre le chemin de la conversion qui lui donnera d'entrer en communion plus intime et plus vivante avec Dieu et avec son prochain.

Les abbayes françaises de Frigolet et Mondaye — mais aussi celles de l'étranger, dans leur contexte propre — insistent particulièrement sur la qualité de l'accueil qui est l'une des fonctions caractéristiques d'une abbaye. Cet accueil s'adresse en premier lieu à ceux qui sont en

La vie apostolique des Prémontrés

« La vie mixte est donc la meilleure, celle qui pousse ses racines dans la contemplation et porte les fruits de l'action. Voilà la vraie vie apostolique, celle que les Apôtres nous ont enseignée, eux qui étaient assidus à la prière et à la prédication, ces deux principaux devoirs de la vie contemplative et active, que le Christ lui-même a sanctionnés par son exemple. Sa vie fut une vie active, que personne n'en doute ! Il dit : "Il me faut annoncer la Bonne Nouvelle du Royaume de Dieu, car c'est pour cela que j'ai été envoyé. Voilà pourquoi je suis né, pourquoi je suis venu dans le monde, pour rendre témoignage à la Vérité". »
Cf. J. Von Hirnaim, *Sancti Norberti... Sermo... enucleatus...*, Prague, 1676, p. 693.

▲ *Le cloître, au centre des bâtiments conventuels, est le lieu symbolique de la vie retirée en Dieu dans le silence.* [Photo Hervé Champollion]

▲ *Bâtiments conventuels de Sainte-Foy de Conques.* [Photo Yvon Boëlle]

recherche spirituelle, mais aussi aux aumôneries et aux groupes réunis dans un but pastoral. Plus largement, les hôtelleries accueillent les personnes venues individuellement et les familles qui désirent effectuer un séjour à l'ombre d'une abbaye.

A l'occasion du 850e anniversaire de la consécration de l'église abbatiale de Strahov à Prague, première église prémontrée d'Europe centrale, le pape Jean-Paul II confirmait, le 7 mai 1993, l'actualité du charisme de saint Norbert, en écrivant dans une lettre apostolique adressée à l'abbé général, Mgr Marcel Van de Ven : « A la veille du IIIe millénaire, l'intuition de saint Norbert est toujours actuelle... Le nouvel élan qui vous anime fait de vous les hérauts de l'Evangile du Christ ressuscité, cette Bonne Nouvelle porteuse de vie féconde et d'authentique liberté. Comme votre saint Fondateur, ouvrez des voies nouvelles pour que le Message évangélique pénètre les cœurs, les mentalités, les coutumes, les cultures, et que les peuples libérés de l'oppression accueillent le Christ Sauveur. Animés de cet esprit, vous fournirez à la société les éléments indispensables à son renouveau, vous réveillerez la mémoire et la conscience de l'Europe, et vous contribuerez à la construction de la civilisation de l'Amour.

« Saint Norbert et ses premiers disciples ont exprimé leur idéal dans la formule de Profession canoniale qui est encore aujourd'hui la vôtre. Ils ont voulu [...] prêcher l'Evangile dans le renoncement aux biens de ce monde, comme le Seigneur l'a ordonné aux Apôtres. Le but de votre Ordre est plus que jamais actuel... Les hommes de notre temps ont souvent perdu leurs points de repères, la crise des valeurs les laisse désarmés en face des défis nouveaux que l'évolution rapide de la société dresse devant eux. Transmettez-leur par votre parole, par le témoignage de votre vie personnelle et communautaire, l'amour du Christ et de l'Eglise. »

Prémontrés, témoins de l'Evangile, selon l'abbé général Norbert Calmels

« Aujourd'hui, c'est nous les responsables de l'avenir de l'ordre. Aujourd'hui, c'est nous qui devons le prendre en main et le préparer, sous le regard de l'Eglise, à faire un nouveau bond en avant pour se mettre au pas du monde contemporain [...] L'Esprit Saint nous invite à nous renouveler, à ne plus regarder par la fenêtre de nos habitudes, à fermer les portes de la facilité, pour que les hommes d'aujourd'hui entendent résonner en nous l'Evangile du Christ. Nous avons la mission d'être des animateurs de l'énergie spirituelle, des ranimateurs du feu que le Fils de l'homme est venu jeter sur la terre. Ne soyons pas des fossoyeurs, ne soyons pas des éteignoirs [...] Il faut une adaptation intérieure, de l'âme et du cœur. »

Cf. N. Calmels, *Journal d'un chapitre*, Forcalquier, 1970, p. 13.

▲ *Christ en bois du prieuré de Labonce (Pyrénées-Atlantiques).* [Photo Nicole Bergara, Association des amis de l'abbaye de Beauport]

La journée d'une abbaye prémontrée aujourd'hui

7 h 00 : office des lectures
Laudes
Prière personnelle
Chapitre (réunion de la communauté)
Travail à l'abbaye et ministère
11 h 00 : messe communautaire
Repas
Temps de détente en communauté
Travail à l'abbaye et ministère
17 h 30 : chapelet, prière personnelle
18 h 30 : vêpres
19 h 00 : repas
Temps de détente en communauté
Prière, travail personnel, ministère, repos
(ces horaires peuvent varier suivant les abbayes)

Conclusion

A la différence des ordres monastiques du Moyen Age vivant pour la plupart sous la Règle de saint Benoît, les Prémontrés constituent un ordre de chanoines réguliers et vivent sous la Règle de saint Augustin. Ils sont avant tout et essentiellement des prêtres menant la vie commune, à l'exemple du Christ et de ses douze apôtres, sous la conduite du père abbé, pour le service de l'Eglise.

En marche vers le 9e centenaire de leur fondation, les Prémontrés sont engagés dans de nombreux services d'Eglise : en premier lieu, la célébration de l'office divin, l'accueil de retraitants et de groupes de réflexion dans leurs abbayes, le service des paroisses, en France notamment le service des hôpitaux, des prisons, l'enseignement religieux et universitaire, l'engagement dans certaines professions à dimension sociale.

La France qui comptait, en 1789, 92 abbayes, est aujourd'hui représentée par deux abbayes : Saint-Michel de Frigolet dans les Bouches-du-Rhône et Saint-Martin de Mondaye dans le Calvados, dont dépendent des prieurés ou petites communautés situés dans l'Aveyron, les Hautes-Pyrénées, la Drôme et dans la province de Novarra en Italie.

Actuellement, les Prémontrés totalisent 1371 religieux, dont 940 prêtres, 10 diacres permanents, 206 séminaristes se préparant au sacerdoce, 96 frères laïcs, 79 novices et 40 jeunes se préparant à entrer au noviciat.

L'idéal de saint Norbert est toujours vivant et les Prémontrés du IIIe millénaire se proposent de le vivre avec la même générosité, « prêts à toute œuvre de bien ».

Chevet de l'abbatiale de Conques ► *(Aveyron).* [Photo Yvon Boëlle]

Abbaye de Mondaye

L'abbaye Saint-Martin de Mondaye, située à Juaye-Mondaye dans le Calvados, fut fondée vers 1202 par la famille de Percy, sur un domaine offert par l'évêque de Lisieux, Jourdain de Hommet. Mondaye possédait des paroisses incorporées : Juaye, Ellon et Trungy, des chapelles : Hôpital Saint-Barthélemy, Notre-Dame de La Haye d'Aiguillon, Saint-André-du-Bosq, ainsi que la chapelle castrale de Juaye. Elle jouissait du droit patronal sur Noron et bénéficiait d'un refuge à Caen et d'un revenu annuel de 7 523 livres.

Au début du XVIIIe siècle, les bâtiments étaient en piteux état. Heureusement, l'abbaye put compter sur trois prélats nommés par le roi, qui firent tellement pour leur abbaye, que Mondaye devint l'un des plus belles abbayes norbertines de Normandie. Ces travaux firent disparaître toutes les constructions médiévales. Philippe Lhermite entreprit dès 1706 la construction d'une nouvelle église. Il put compter sur l'un de ses religieux, célèbre architecte et peintre de talent, le père Eustache Restout, qui était prieur claustral. Son successeur, l'abbé Olivier Jahouel, fit bâtir l'aile sud du cloître qui abritait le dortoir. Enfin, l'abbé Louis Reusse consacra ses efforts à l'ornementation intérieure de l'église.

L'abbaye de Mondaye fut supprimée en 1790 et ses bâtiments adjugés le 29 avril 1791. Les religieux se replièrent bientôt dans leurs familles. L'église devint paroissiale au moment du Concordat.

Le lundi de Pentecôte 1856, des Prémontrés belges de l'abbaye de Grimbergen près de Bruxelles firent leur entrée dans l'abbaye de Mondaye, accueillis par l'évêque de Bayeux. Pour vivre, les religieux prêchaient des missions paroissiales et des retraites dans les nombreux couvents du diocèse de Bayeux. Le rétablissement officiel de l'abbaye eut lieu en 1873. Les lois contre les congrégations obligèrent les Prémontrés à quitter l'abbaye en 1880. Le père Godefroid Madelaine, familier de sainte Thérèse de l'Enfant-Jésus et « parrain » de son autobiographie — *L'Histoire d'une âme* —, y demeura seul, comme représentant de l'abbé de Grimbergen, propriétaire des bâtiments. En 1887, le père Godefroid Madelaine regroupa quelques religieux dans le château de Cottun près de Bayeux, pour y reprendre la vie conventuelle, tandis que d'autres, soit vivaient dans leur famille, soit administraient des paroisses. Pour assurer leur subsistance, tous s'adonnaient à la prédication.

Après 1893, les chanoines rentrèrent à Mondaye, sans se montrer publiquement à l'église. Durant cette période, ils firent bâtir l'aile nord du monastère.

▼ *Foi et culture s'alimentent dans l'étude. Bibliothèque de l'abbaye de Mondaye (Calvados).*
[Photo Richard Nourry, Scope]

▲ *Eglise de Mondaye (Calvados).*
[Photo Richard Nourry, Scope]

En 1903, la confiscation de tous les bâtiments et les mesures d'expulsion qui les frappèrent obligèrent les religieux à chercher refuge en Belgique. Tandis qu'en 1920, l'ordre célébrait le 8e centenaire de la fondation de Prémontré, le préfet du Calvados recommanda aux Prémontrés de rentrer dans leur abbaye.
Depuis sa restauration, l'abbaye de Mondaye a fondé plusieurs maisons, certaines éphémères. D'autres prieurés sont toujours prospères : Notre-Dame-des-Neiges à Tarbes-Laloubère et la vallée d'Accous (Hautes-Pyrénées), Saint-Pierre de Caen, Miasino (Novarra) en Italie, Sainte-Anne de Bonlieu (Drôme), Sainte-Foy de Conques (Aveyron). Actuellement, l'abbaye de Mondaye administre de nombreuses paroisses dans le diocèse de Bayeux-Lisieux et plusieurs de ses religieux exercent leur ministère dans les hôpitaux et auprès des détenus. L'abbaye publie la revue *Le Courrier de Mondaye*.

Bibliographie française

PETIT (F.),
Norbert et l'origine des Prémontrés, Paris, 1981.
Création et Tradition à Saint-Michel de Frigolet. Actes du Colloque historique 24-25 septembre 1983, publiés sous la direction de Bernard Ardura [Tarascon-sur-Rhône], abbaye Saint-Michel de Frigolet, 1984.

ARDURA (B.),
Nicolas Psaume (1518-1575), évêque et comte de Verdun. L'idéal pastoral du concile de Trente incarné par un Prémontré, Paris, 1990.

ARDURA (B.),
Abbayes, prieurés et monastères de l'Ordre de Prémontré en France, des origines à nos jours. Dictionnaire historique et bibliographique, Nancy, 1993.

ARDURA (B.),
Pierre-Adrien Toulorge, Prémontré de Blanchelande (1757-1793), « Martyr de la Vérité » à Coutances, Rome, 1993.

ARDURA (B.),
Prémontrés. Histoire et Spiritualité, Saint-Étienne, 1995.

DAUZET (D.-M.),
Petite Vie de saint Norbert, Paris, 1995.
Les Prémontrés et la Lorraine. XIIe-XIIIe siècle, sous la direction de D.-M. Dauzet et M. Plouvier, Paris, 1998.

SECUIANU (T.)-CHAMPOLLION (H.),
Abbaye Saint-Michel de Frigolet, Rennes, 1998.

DAUZET (D.-M.)-PLOUVIER (M.)-SOUCHON (C.) éd.,
Les Prémontrés au XIXe siècle : traditions et renouveau, Paris, 2000.

ARDURA (B.),
Au cœur de la Provence, l'abbaye Saint-Michel de Frigolet, Rome, 2000.

Remerciements

Les Editions Ouest-France remercient vivement Madame Annie-Claude Ballini, présidente de l'association des amis de l'abbaye de Beauport, pour sa contribution à la recherche iconographique.

L'Europe des Prémontrés

Adresses des abbayes et monastères de France et d'Europe

• FRANCE

1- Abbaye Saint-Michel de Frigolet
F-13150 Tarascon-sur-Rhône
Tél. : 04.90.95.70.07
Fax : 04.90.90.79.23
E-mail : abbayedefrigolet@frigolet.com
Site internet : http://www.frigolet.com

2 - Abbaye Saint-Martin de Mondaye
F-14250 Juaye-Mondaye
Tél. : 02.31.92.58.11
Fax : 02.31.92.08.05
E-mail : abbayemondaye@mondaye.com
Site internet : http://www.mondaye.com

3 - Communauté des Sœurs
Monastère Sainte-Anne
F-26160 Bonlieu-sur-Roubion

• ALLEMAGNE

4 - Abtei St. Johann Hamborn
An der Abtei 4/6
D-47166 Duisburg-Hamborn

5 - Praemonstratenserabtei
Klosterhof, 2
D-92676 Speinshart

6 - Prämonstratense-Abtei Windberg
Pfarrplatz, 22
D-94336 Windberg

• AUTRICHE

7 - Stift Geras
A-2093 Geras

8 - Prämonstratenser Chorherren Schlägl
Schlägl 1
A-4160 Aigen i. M.

9 - Stift Wilten
Klostergasse, 7
A-6020 Innsbruck

• BELGIQUE

10 - Abdij der Norbertijnen van Averbode
Abdijstraat, 1
B-3271 Averbode

11 - Abdij der Norbertijnen van Grimbergen
Kerkplein, 1
B-1850 Grimbergen

12 - Abdij van 't Park
Abdijdreef, 1
B-3001 Heverlee-Leuven

13 - Abdij Postel
Abdijlaan, 16
B.2400 Mol

14 - Norbertijnenabdij van Tongerlo
Abdijstraat, 40
B-2260 Tongerlo

15 - Norbertinessenklooster Immaculata
Diestse baan, 54
B-2431 Veerle

• GRANDE-BRETAGNE

16 - Our Lady of England Priory
School Lane
Storrington, West Sussex,
RH 20 1 LN

• ESPAGNE

17 - Monasterio Premonstratense de Santa Sofia
E-49800 Toro (Zamora)

18 - Convento de Santa Maria
Orden Premonstratense
C.P. 24 3 58
E-Villoria de Orbigo (León)

• HONGRIE

19 - Premontrei Prépostság
Soproni u. 65
H-9300 Csorna

20 - Premontrei Perjelség
Fácán sor 3
H-2100 Gödöllö

• IRLANDE

21 - Holy Trinity Abbey
Kilnacrott
Ballyjamesduff
Co. Cavan, Ireland

• PAYS-BAS

22 - Abdij van Berne
Abdijstraat, 49
NL-5473 AD Heeswijk-Dinther

23 - Sint-Catharinadal
Kloosterdreeg, 3
NL-4901 PH Oosterhout NB

• POLOGNE

24 - Klasztor Sióstr Norbertanek k/Olkusza
PL-31-042 Imbramowice 105

25 - Klasztor Sióstr Norbertanek
ul. Kościuszki 88
PL-30-114 Kraków

• REPUBLIQUE TCHÈQUE

26 - Klášter premonstrátů v Nové Říše
CZ-588 65 Nová Říše

27 - Klášter premonstrátů na Strahově
Strahovské nádvoří 1/132
CZ-118 00 Praha 1

28 - Klášter premonstrátů Teplá
CZ-364 61 Teplá u Toužimě

29 - Kanonie premonstrátů v Želivě
Želiv 122
CZ-394 44 Želiv

• ROUMANIE

30 - Canonie de Saint-Etienne
Str. Roman Ciorogariu, 16
RO-3700 Oradea

• SLOVAQUIE

31 - Kláštor Premonštrátov
SK-044 23 Jasov

Cet ouvrage a été achevé d'imprimer par Pollina, à Luçon (85) - n° L86741
Conception graphique : Brigitte Racine - Cartographie : Patrick Mérienne
I.S.B.N. : 2.7373.3082.3 - N° d'éditeur : 4423.01.4,5.05.02 - Dépôt légal : mai 2002